Impressum
Verlag: BABADADA GmbH, Nedderfeld 112 , 22529 Hamburg
Geschäftsführer / Verlagsleitung: Harald Hof
Druck: Books on Demand GmbH, In de Tarpen 42, 22848 Norderstedt

Imprint
Publisher: BABADADA GmbH, Nedderfeld 112 , 22529 Hamburg, Germany
Managing Director / Publishing direction: Harald Hof
Print: Books on Demand GmbH, In de Tarpen 42, 22848 Norderstedt

σχολείο
sekolahan

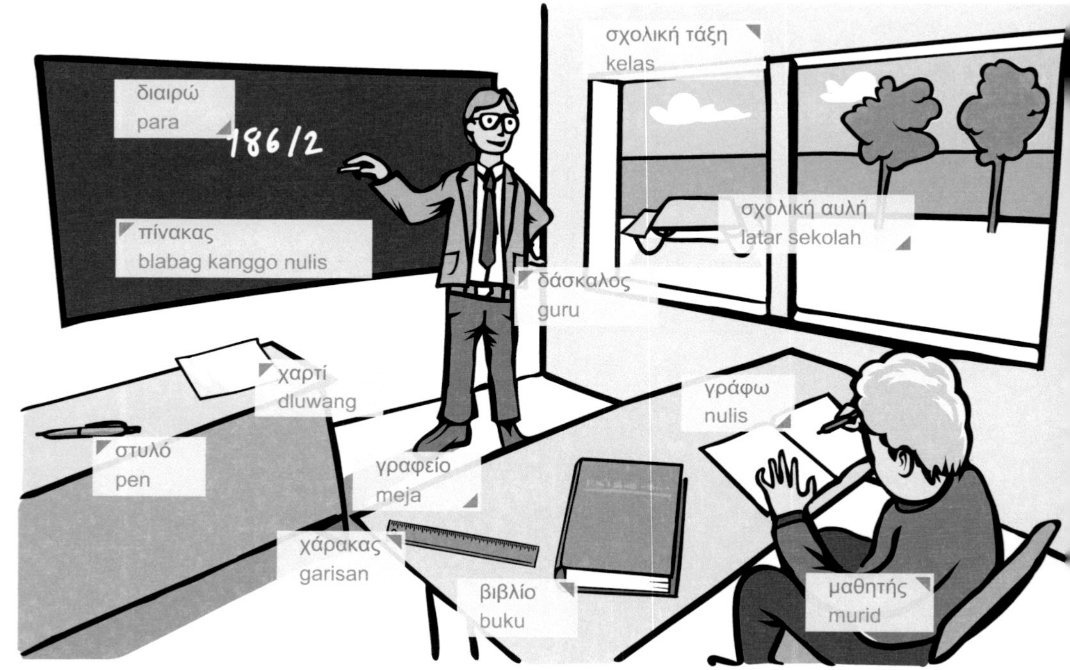
σχολική τάξη
kelas
διαιρώ
para
186/2
σχολική αυλή
latar sekolah
πίνακας
blabag kanggo nulis
δάσκαλος
guru
χαρτί
dluwang
γράφω
nulis
στυλό
pen
γραφείο
meja
χάρακας
garisan
βιβλίο
buku
μαθητής
murid

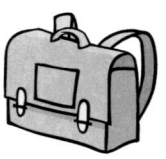

σχολική τσάντα

tas sekolah

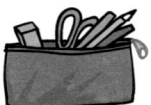

κασετίνα/ μολυβοθήκη

tepak potlot

μολύβι

potlot

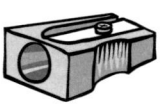

ξύστρα

orotan potlot

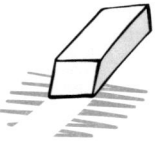

γόμα

setip

μπλοκ ζωγραφικής

lemek nggambar

ζωγραφική

gambar

πινέλο

kuwas

κουτί χρωμάτων

tepak cat nggambar

ψαλίδι

gunting

κόλλα

lem

τετράδιο ασκήσεων

buku latihan soal

εργασία για το σπίτι

pakaryan omah

αριθμός

angka

προσθέτω

tambah

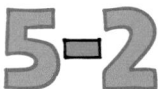

αφαιρώ

suda

πολλαπλασιάζω

ping

υπολογίζω

itung

γράμμα

aksara

αλφάβητο

abjad

λέξη

tembung

κείμενο

teks

διαβάζω

maca

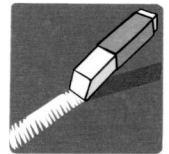

κιμωλία

kapur

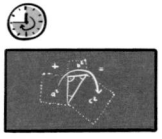

μάθημα

wulangan

εγγράφομαι

dhaptar

τεστ

ujian

πιστοποιητικό

sertipikat

μαθητική στολή

sragam sekolah

εκπαίδευση

pendhidhikan

εγκυκλοπαίδεια

ensiklopedia

πανεπιστήμιο

universitas

μικροσκόπιο

mikroskop

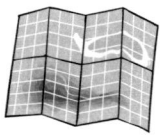

χάρτης

peta

καλάθι αχρήστων

kranjang larahan

ταξίδι

perjalanan

ξενοδοχείο
hotel
Grand
ξενώνας
hostel
ROOMS
λακτήρια συναλλάγματος
pertukaran duit mancanegara
βαλίτσα
koper
αυτοκίνητο
mobil

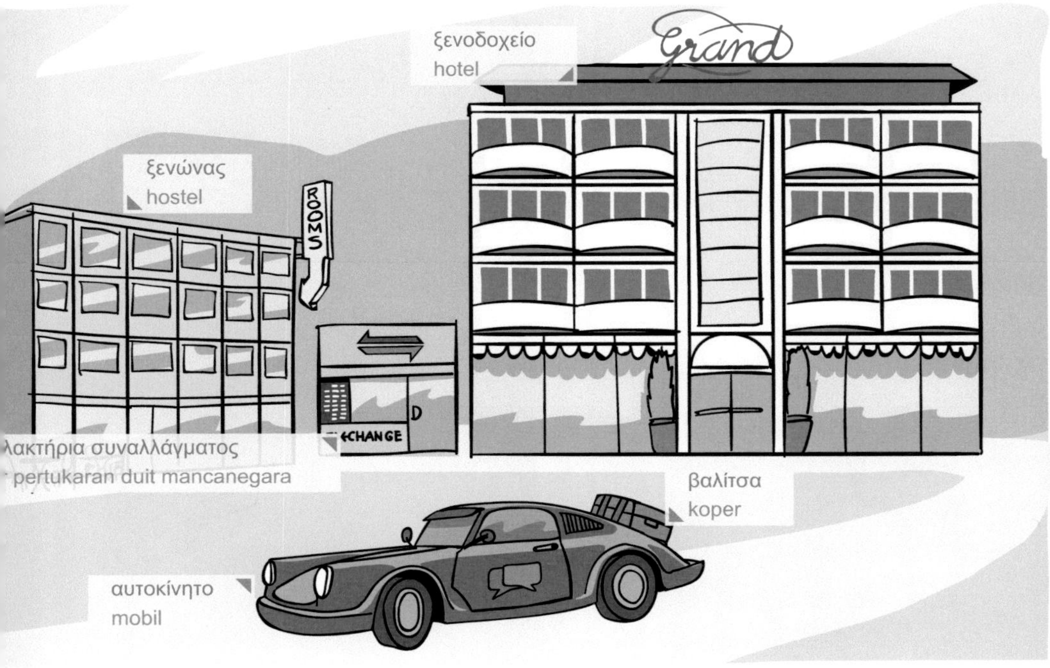

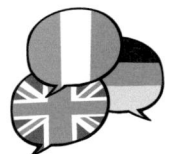

γλώσσα

basa

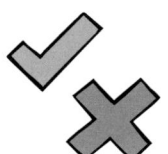

ναι / όχι

iya / ora

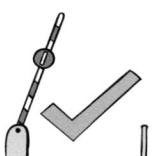

εντάξει

oke

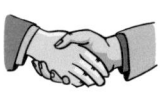

γεια σου

halo

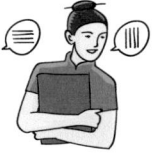

μεταφραστής

juru basa

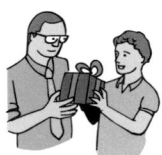

Ευχαριστώ

matur nuwun

πόσο κάνει ;

Piro regane ...?

Δε καταλαβαίνω

aku ora ngerti

πρόβλημα

masalah

Καλησπέρα!

Sugeng dalu!

Καλημέρα!

Sugeng enjang

Καληνύχτα!

Sugeng dalu!

Αντίο

pareng

κατεύθυνση

arah

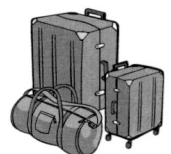

αποσκευές

koper

τσάντα

tas

σακίδιο πλάτης

ransel

καλεσμένος

tamu

δωμάτιο

kamar

υπνόσακος

kantong turu

σκηνή

tenda

τουριστικές πληροφορίες
informasi turis

παραλία
pantai

πιστωτική κάρτα
kertu kredit

πρωινό
sarapan

μεσημεριανό
mangan awan

δείπνο
mangan ing wayah bengi

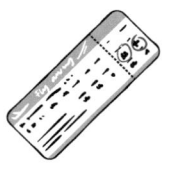

εισιτήριο
tiket

ανελκυστήρας
lift

γραμματόσημο
perangko

σύνορα
watesan

τελωνείο
cukai

πρεσβεία
kedutaan

βίζα
visa

διαβατήριο
paspor

μεταφορά
angkutan

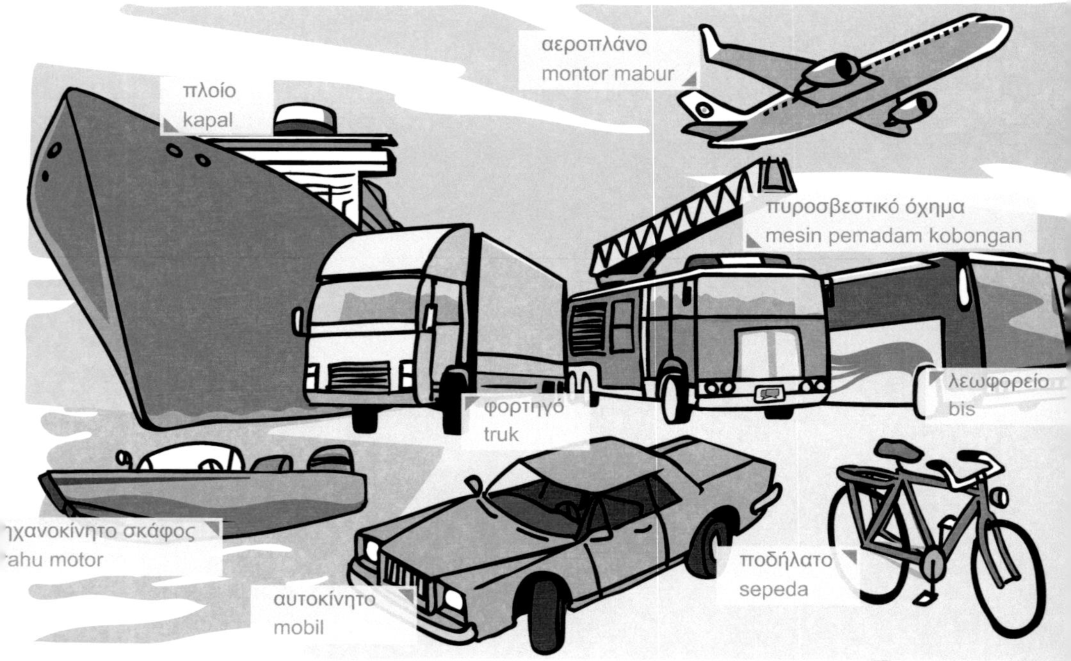
αεροπλάνο
montor mabur
πλοίο
kapal
πυροσβεστικό όχημα
mesin pemadam kobongan
λεωφορείο
bis
φορτηγό
truk
ηχανοκίνητο σκάφος
ahu motor
ποδήλατο
sepeda
αυτοκίνητο
mobil

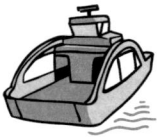

φεριμπότ

feri

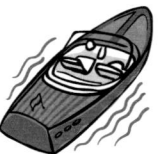

βάρκα

perahu

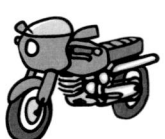

μοτοσικλέτα

sepeda motor

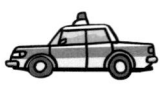

περιπολικό

mobil polisi

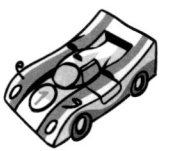

αγωνιστικό αυτοκίνητο

mobil balapan

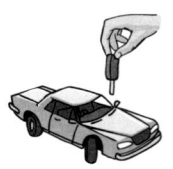

ενοικιαζόμενο αυτοκίνητο

mobil sewa

διαμοιρασμός αυτοκινήτων

sewa mobil

γερανός

truk derek

απορριμματοφόρο

truk resek

κινητήρας

motor

καύσιμο

bensin

βενζινάδικο

pom bensin

πινακίδα σήμανσης

tanda dalan

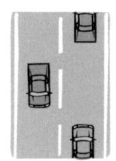

κυκλοφορία

lalu lintas

κυκλοφοριακή συμφόρηση

macet

χώρος στάθμευσης

parkir mobil

σιδηροδρομικός σταθμός

stasiun sepur

σιδηροδρομικές γραμμές

ril sepur

τρένο

sepur

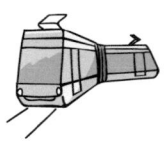

τραμ

tram

βαγόνι

grobak

ελικόπτερο

helikopter

αεροδρόμιο

lapangan montor mabur

πύργος

menara

επιβάτης

penumpang

εμπορευματοκιβώτιο

kontener

χαρτοκιβώτιο

kerdhus

καρότσι

troli

καλάθι

kranjang

απογειώνομαι /
προσγειόνομαι

mabur / ndarat

πόλη
kutha

χωριό

desa

κέντρο της πόλης

tengah kutha

σπίτι

omah

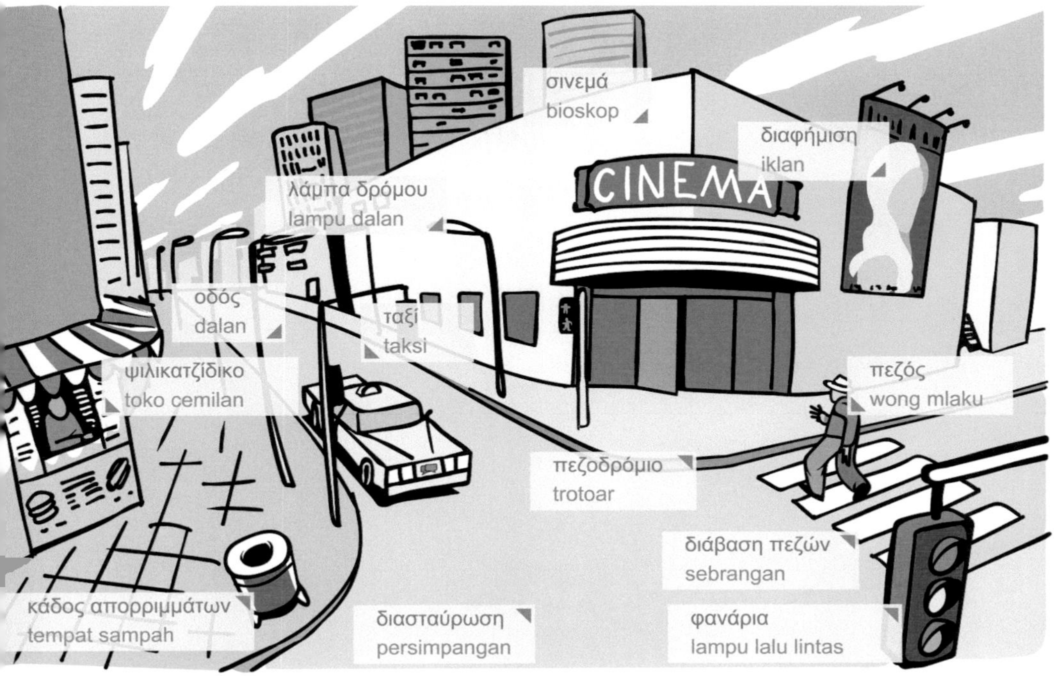

σινεμά
bioskop
διαφήμιση
iklan
CINEMA
λάμπα δρόμου
lampu dalan
οδός
dalan
ταξί
taksi
ψιλικατζίδικο
toko cemilan
πεζός
wong mlaku
πεζοδρόμιο
trotoar
διάβαση πεζών
sebrangan
κάδος απορριμμάτων
tempat sampah
διασταύρωση
persimpangan
φανάρια
lampu lalu lintas

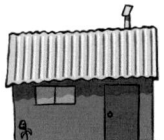

καλύβα

gubuk

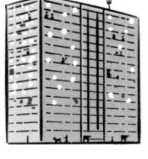

διαμέρισμα

apartemen

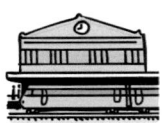

σιδηροδρομικός σταθμός

stasiun sepur

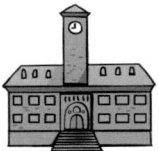

δημαρχείο

bale kutha

MUSEUM

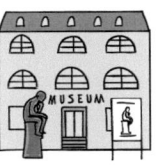

μουσείο

museum

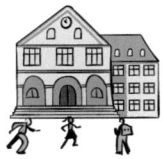

σχολείο

sekolahan

πανεπιστήμιο
universitas

τράπεζα
bank

νοσοκομείο
griya sakit

ξενοδοχείο
hotel

φαρμακείο
apotek

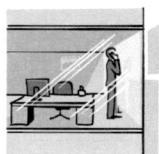

γραφείο
kantor

βιβλιοπωλείο
toko buku

κατάστημα
toko

ανθοπωλείο
toko kembang

σούπερ μάρκετ
supermarket

αγορά
pasar

πολυκατάστημα
toko sarwa ana

ιχθυοπωλείο
toko iwak

εμπορικό κέντρο
mal

λιμάνι
pelabuhan

πάρκο

taman

παγκάκι

bangku

γέφυρα

tretek

σκάλες

andha

μετρό

metro

τούνελ

trowongan

στάση λεωφορείου

halte bis

μπαρ

bar

εστιατόριο

restoran

γραμματοκιβώτιο

kotak surat

πινακίδα δρόμου

pratandha dalan

παρκόμετρο

meteran parkir

ζωολογικός κήπος

kebon kewan

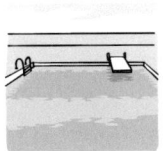

πισίνα

kolam renang

τζαμί

masjid

αγρόκτημα

kebon

ρύπανση

polusi

νεκροταφείο

kuburan

εκκλησία

greja

παιδική χαρά

panggon dolanan

ναός

candi

τοπίο
lanskap

φύλλο
godong

πινακίδα κατεύθυνσης
plang

δρόμος
dalan

λιβάδι
beran

πέτρα
watu

δέντρο
uwit

πεζοπόρος
wong munggah

ποτάμι
kali

χορτάρι
suket

λουλούδι
kembang

κοιλάδα

lembah

λόφος

bukit

λίμνη

tlogo

δάσος

alas

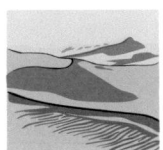

έρημος

ara-ara

ηφαίστειο

gunung geni

κάστρο

keraton

ουράνιο τόξο

kluwung

μανιτάρι

jamur

φοίνικας

uwit palem

κουνούπι

lemut

μύγα

laler

μυρμήγκι

semut

μέλισσα

tawon

αράχνη

angga-angga

σκαθάρι

kumbang

βάτραχος

kodok

σκίουρος

bajing

σκαντζόχοιρος

landhak

λαγός

truwelu

κουκουβάγια

manuk dares

πουλί

manut

κύκνος

banyak

αγριογούρουνο

celeng

ελάφι

kidang

άλκη

menjangan

φράγμα

bendungan

ανεμογεννήτρια

turbin angin

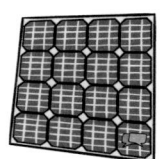

ηλιακός συλλέκτης

panel srengenge

κλίμα

iklim

εστιατόριο
restoran

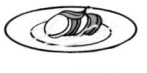

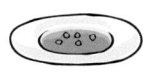

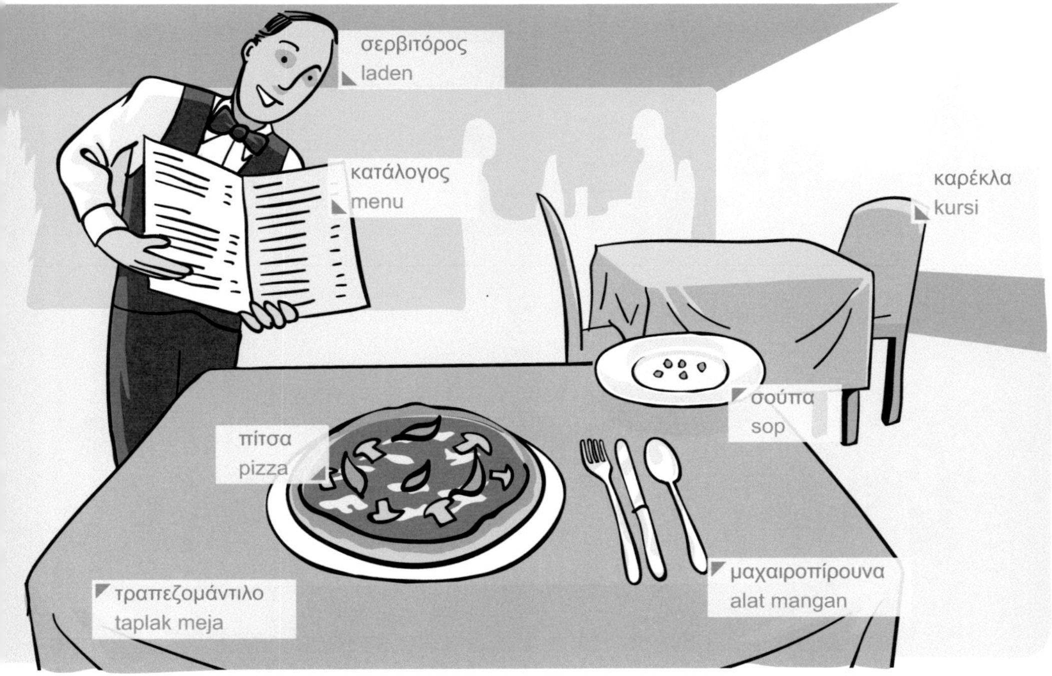

σερβιτόρος
laden
κατάλογος
menu
καρέκλα
kursi
σούπα
sop
πίτσα
pizza
τραπεζομάντιλο
taplak meja
μαχαιροπίρουνα
alat mangan

ορεκτικό

hidangan pambuka

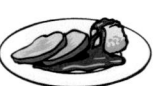

κύριο πιάτο

menu utama

επιδόρπιο

hidangan penutup

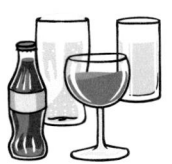

ποτά

ombenan

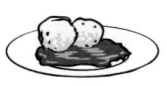

φαγητό

panganan

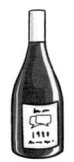

μπουκάλι

gendul

φαστ φουντ

panganan instan

φαγητό στ' όρθιο

jajan cemilan

τσαγιέρα

ceret teh

δοχείο ζάχαρης

kaleng gula

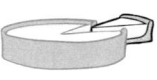

μερίδα

porsi

μηχανή εσπρέσο

mesin espresso

ψηλή καρέκλα

kursi duwur

λογαριασμός

tagihan

δίσκος

baki

μαχαίρι

lading

πιρούνι

sendok garpu

κουτάλι

sendok

κουταλάκι του τσαγιού

sendok teh

πετσέτα φαγητού

serbet

ποτήρι

gelas

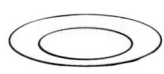

πιάτο

piring

πιάτο σούπας

piring sop

πιατάκι φλιτζανιού

lepek

σάλτσα

duduh

αλατιέρα

gendul uyah

μύλος για πιπέρι

bubuk mrico

ξύδι

cuka

λάδι

lenga

μπαχαρικά

bumbon

κέτσαπ

saos tomat

μουστάρδα

mustar

μαγιονέζα

mayones

σούπερ μάρκετ
supermarket

προσφορά
tawaran khusus
FOR
πελάτης
langganan
γαλακτοκομικά προϊόντα
produk saka susu
φρούτα
woh-wohan
καρότσι για ψώνια
troli

BUTCHERS

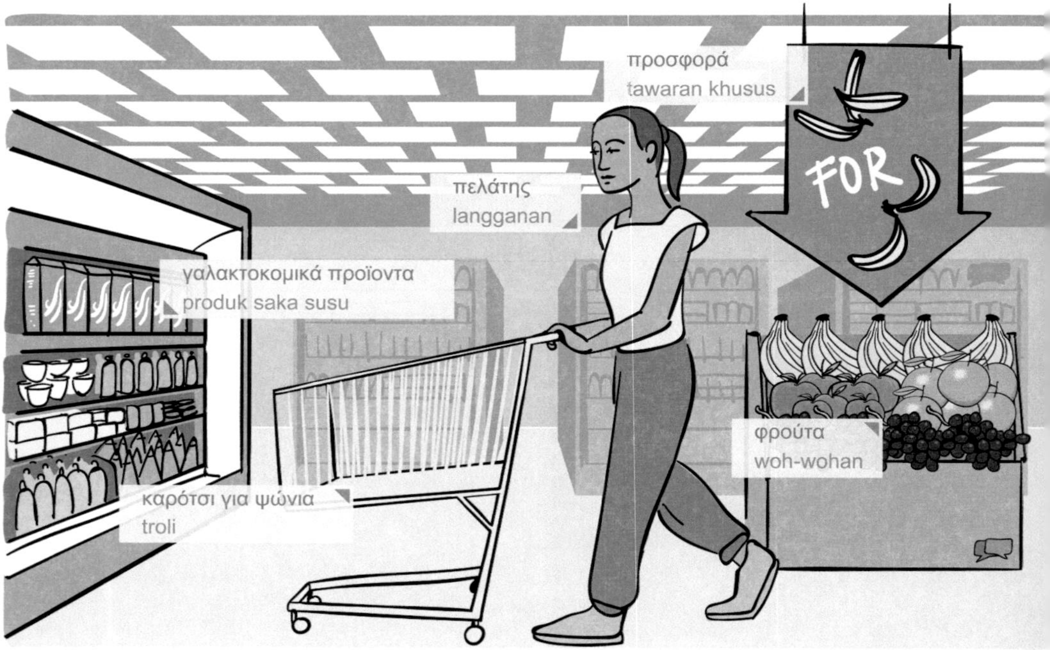

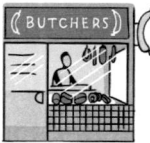

κρεοπωλείο

toko daging

BAKERY

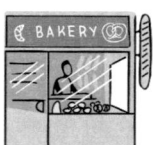

φούρνος

toko roti

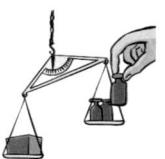

ζυγίζω

nimbang

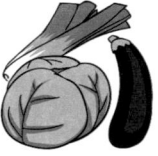

λαχανικά

janganan

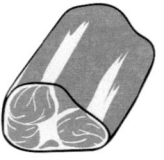

κρέας

daging panggang

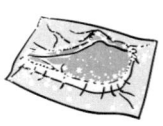

κατεψυγμένα τρόφιμα

panganan beku

αλλαντικά

irisan daging

κονσερβοποιημένη τροφή

panganan kaleng

απορρυπαντικό ρούχων

deterjen

γλυκά

permen

οικιακά είδη

produk reresik omah

καθαριστικά προϊόντα

produk reresik

πωλήτρια

bakul

ταμείο

mesin kasir

ταμίας

kasir

λίστα για ψώνια

daftar blanja

ωράριο λειτουργίας

jam buka

πορτοφόλι

dompet

πιστωτική κάρτα

kertu kredit

τσάντα

tas

πλαστική σακούλα

tas kresek

σούπερ μάρκετ - supermarket

νερό

banyu

χυμός

jus

γάλα

susu

κόκα κόλα

ombenan kanthi karbon

κρασί

anggur

μπίρα

bir

αλκοόλ

alkohol

κακάο

coklat

τσάι

teh

καφές

kopi

εσπρέσο

espresso

καπουτσίνο

cappuccino

μπανάνα

gedhang

μήλο

apel

πορτοκάλι

jeruk

πεπόνι

semangka

λεμόνι

jeruk lemon

καρότο

wortel

σκόρδο

bawang

μπαμπού

pring

κρεμμύδι

bawang

μανιτάρι

jamur

ξηροί καρποί

kacang

νουντλς

bakmi

μακαρόνια

spageti

ρύζι

sego

σαλάτα

salad

πατατάκια

kentang goreng

τηγανητές πατάτες

kentang goreng

πίτσα

pizza

χάμπουργκερ

hamburger

σάντουιτς

roti isi

κοτολέτα

daging irisan

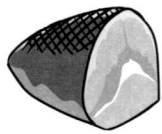

ζαμπόν

daging ham

σαλάμι

salami

λουκάνικο

sosis

κοτόπουλο

pitik

ψητό

daging panggang

ψάρι

iwak

χυλός βρώμης

bubur gandum

μούσλι

muesli

κορν φλέικς

sereal jagung

αλεύρι

glepung

κρουασάν

croissant

ψωμάκι

roti

ψωμί

roti

τοστ

roti panggang

μπισκότα

biskuit

βούτυρο

mertega

τυρόπηγμα

dadih

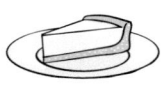

κέικ

kue

αυγό

endog

τηγανητό αυγό

endog goreng

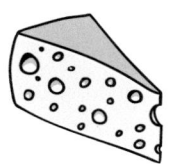

τυρί

keju

φαγητό - panganan

παγωτό

es krim

ζάχαρη

gula

μέλι

madu

μαρμελάδα

sele

άλλειμμα σοκολάτας

krim nugat

κάρυ

kare

φαγητό - panganan

αγρόκτημα
kebon

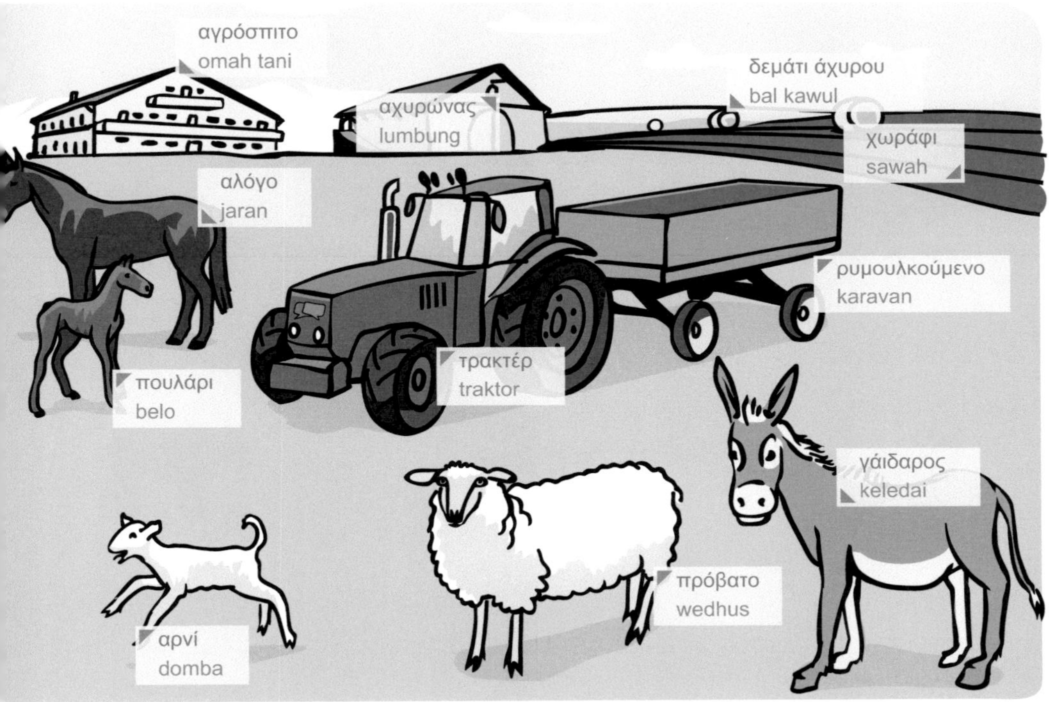
αγρόσπιτο
omah tani
δεμάτι άχυρου
bal kawul
αχυρώνας
lumbung
χωράφι
sawah
άλογο
jaran
ρυμουλκούμενο
karavan
πουλάρι
belo
τρακτέρ
traktor
γάιδαρος
keledai
πρόβατο
wedhus
αρνί
domba

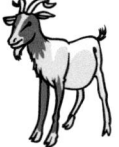

κατσίκα

wedhus

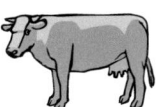

αγελάδα

sapi

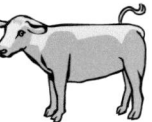

μοσχαράκι

pedhet

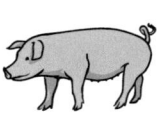

γουρούνι

babi

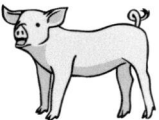

γουρουνάκι

gambluk

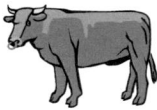

ταύρος

kebo

χήνα

banyak

πάπια

bebek

κοτοπουλάκι

kuthuk

κότα

babon

κόκορας

jago

αρουραίος

tikus

γάτα

kucing

ποντίκι

tikus

βόδι

sapi

σκύλος

asu

σπιτάκι σκύλου

kandang asu

λάστιχο κήπου

selang

ποτιστήρι

gembor

θεριστήρι

arit gede

αλέτρι

waluku

δρεπάνι

arit gede

τσάπα

pacul

δίκρανο

garu

τσεκούρι

kapak

χειράμαξα

grobak surung

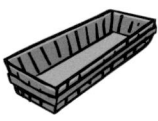

ταΐστρα

wadah pakan

δοχείο γάλακτος

kaleng susu

σάκος

karung

φράχτης

pager

στάβλος

kandang

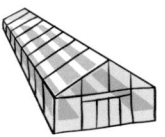

θερμοκήπιο

omah kaca

έδαφος

lemah

σπόρος

wiji

λίπασμα

rabuk

θεριζοαλωνιστική μηχανή

traktor panen

αγρόκτημα - kebon

θερίζω

manen

συγκομιδή

panen

γιαμς

ubi

σιτάρι

gandum

σόγια

kedelai

πατάτα

kentang

καλαμπόκι

jagung

κράμβη

lobak

οπωροφόρο δέντρο

wit woh-wohan

μανιόκα

telo

δημητριακά

sereal

σπίτι

omah

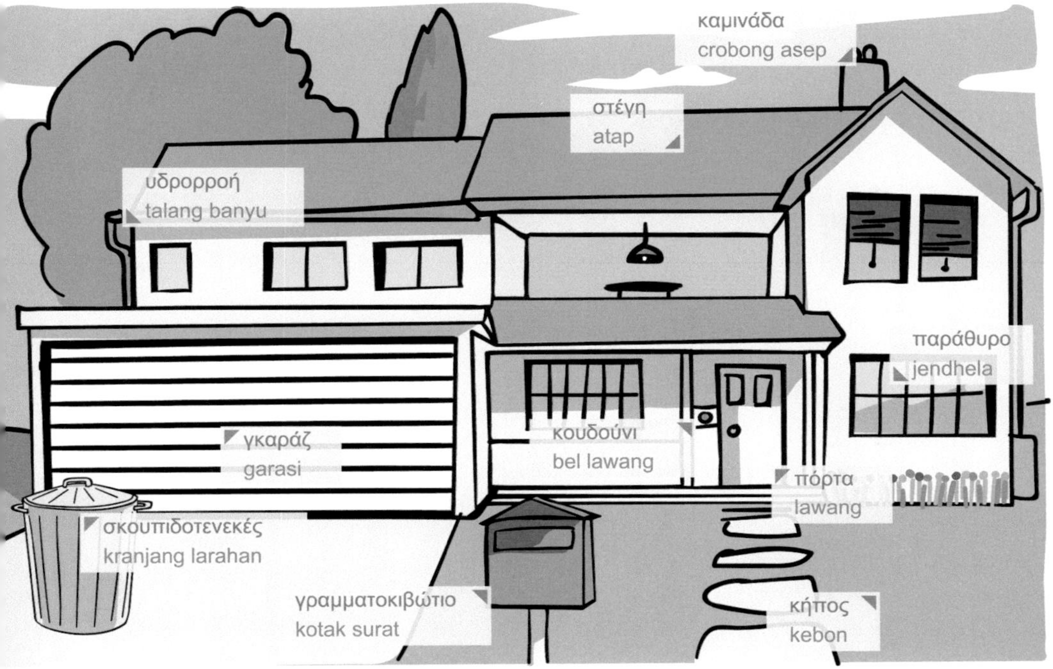

καμινάδα
crobong asep
στέγη
atap
υδρορροή
talang banyu
παράθυρο
jendhela
γκαράζ
garasi
κουδούνι
bel lawang
πόρτα
lawang
σκουπιδοτενεκές
kranjang larahan
γραμματοκιβώτιο
kotak surat
κήπος
kebon

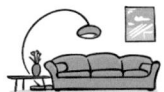

σαλόνι

ruang tamu

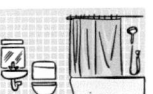

μπάνιο

jedhing

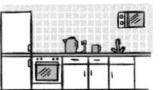

κουζίνα

pawon

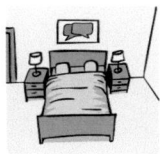

υπνοδωμάτιο

kamar turu

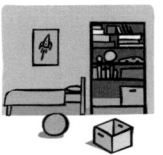

παιδικό δωμάτιο

kamar anak

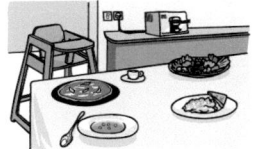

τραπεζαρία

kamar panedhaan

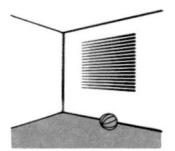

πάτωμα
jobin

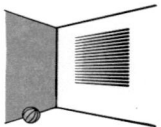

τοίχος
tembok

οροφή
pyan

κελάρι
gudhang ing njero lemah

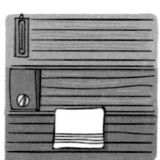

σάουνα
sauna

μπαλκόνι
balkon

βεράντα
teras

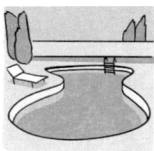

πισίνα
blumbang kanggo nglangi

μηχανή του γκαζόν
mesin kanggo motong suket

σεντόνι
lembaran

κάλυμμα κρεβατιού
sprei

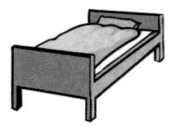

κρεβάτι
dipan

σκούπα
sapu

κουβάς
ember

διακόπτης
tombol

σαλόνι

ruang tamu

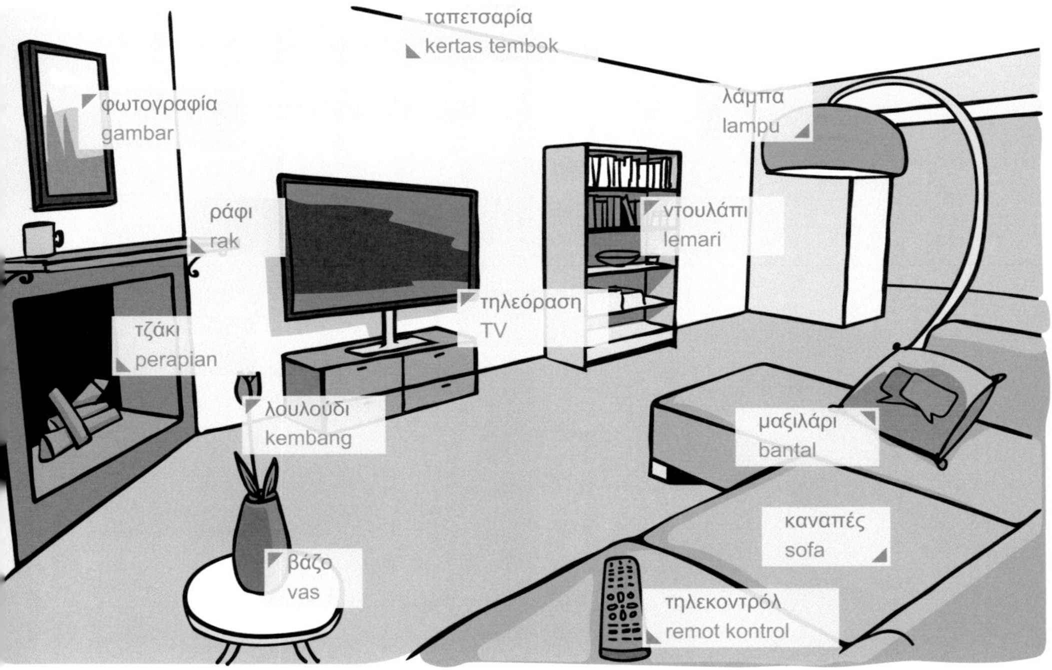

ταπετσαρία
kertas tembok
φωτογραφία
gambar
λάμπα
lampu
ράφι
rak
ντουλάπι
lemari
τηλεόραση
TV
τζάκι
perapian
λουλούδι
kembang
μαξιλάρι
bantal
καναπές
sofa
βάζο
vas
τηλεκοντρόλ
remot kontrol

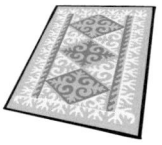

χαλί

karpet

κουρτίνα

korden

τραπέζι

meja

καρέκλα

kursi

κουνιστή πολυθρόνα

kursi goyang

πολυθρόνα

kursi tangan

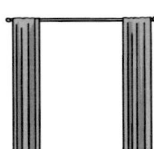

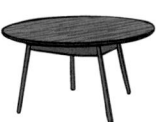

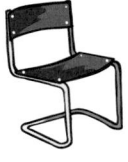

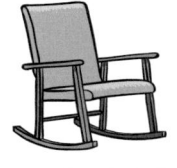

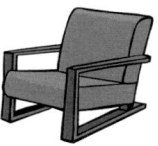

βιβλίο

buku

κουβέρτα

selimut

διακόσμηση

dekorasi

καυσόξυλα

kayu bakar

ταινία

film

στερεοφωνικό σύστημα

hi-fi

κλειδί

kunci

εφημερίδα

koran

πίνακας ζωγραφικής

lukisan

αφίσα

poster

ραδιόφωνο

radio

σημειωματάριο

buku catetan

ηλεκτρική σκούπα

penyedot lebut

κάκτος

kaktus

κερί

lilin

κουζίνα
pawon

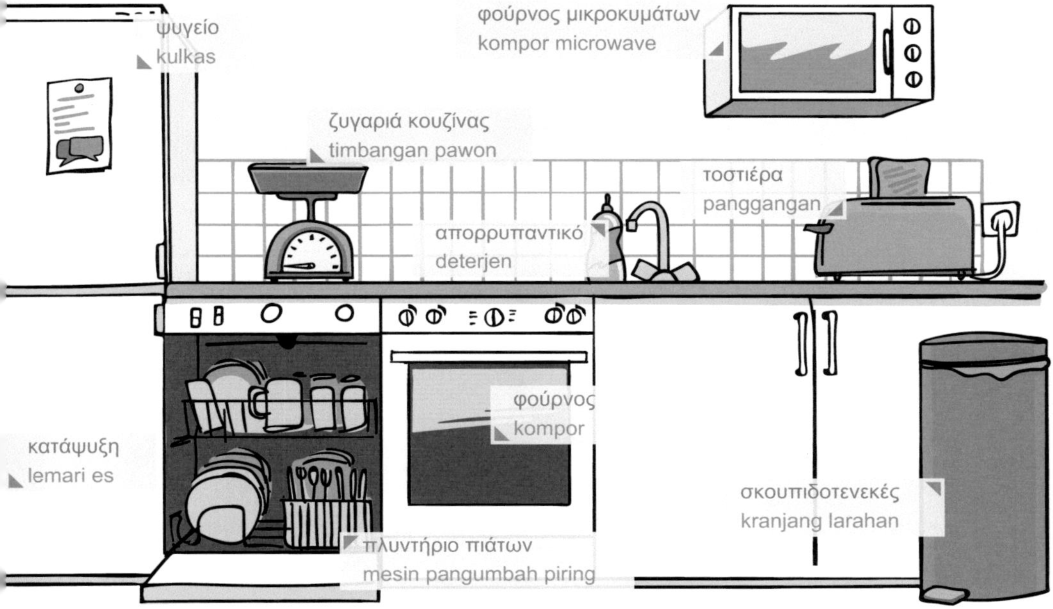

ψυγείο
kulkas
φούρνος μικροκυμάτων
kompor microwave
ζυγαριά κουζίνας
timbangan pawon
τοστιέρα
panggangan
απορρυπαντικό
deterjen
φούρνος
kompor
κατάψυξη
lemari es
σκουπιδοτενεκές
kranjang larahan
πλυντήριο πιάτων
mesin pangumbah piring

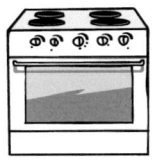

κουζίνα

kompor

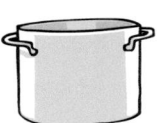

κατσαρόλα

panci

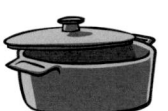

μαντεμένια κατσαρόλα

panci wesi

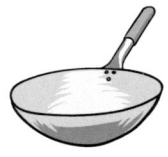

γουόκ/καντάι

wajan

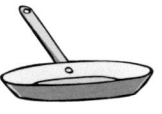

τηγάνι

wajan

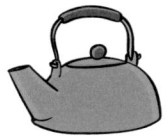

βραστήρας

ceret

ατμομάγειρας

kukusan

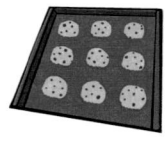

ταψί

loyang

πιατικά

pecah belah

κούπα

mug

μπολ

mangkok

ξυλάκια

sumpit

κουτάλα

irus

σπάτουλα

solet

ανακατεύω

udeg

σουρωτήρι

ayakan

σουρωτηράκι

saringan

τρίφτης

parutan

γουδί

lumpang

ψησταριά

panggangan

ανοιχτή φωτιά

geni

σανίδα κοπής

telenan

πλάστης

gilingan adonan

ανοιχτήρι φελλών

kotrek

κονσέρβα

kaleng

ανοιχτήρι κονσέρβας

bukaan kaleng

γάντι φούρνου

cempal

νεροχύτης

wastafel

βούρτσα

sikat

σφουγγάρι

sepon

μπλέντερ

blender

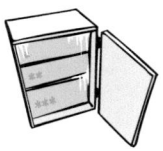

καταψύκτης

kulkas

μπιμπερό

gendul bayi

βρύση

kran

μπάνιο
jedhing

θέρμανση
alat manasi
πετσέτα
andhuk
ντους
pancuran
κουρτίνα ντους
klambu jedhing
αφρόλουτρο
adhus unthuk
μπανιέρα
bak adhus
ποτήρι
gelas
πλυντήριο ρούχων
mesin ngumbah
βρύση
kran
πλακάκια
tekel
γιογιό
pispot
νεροχύτης
wastafel

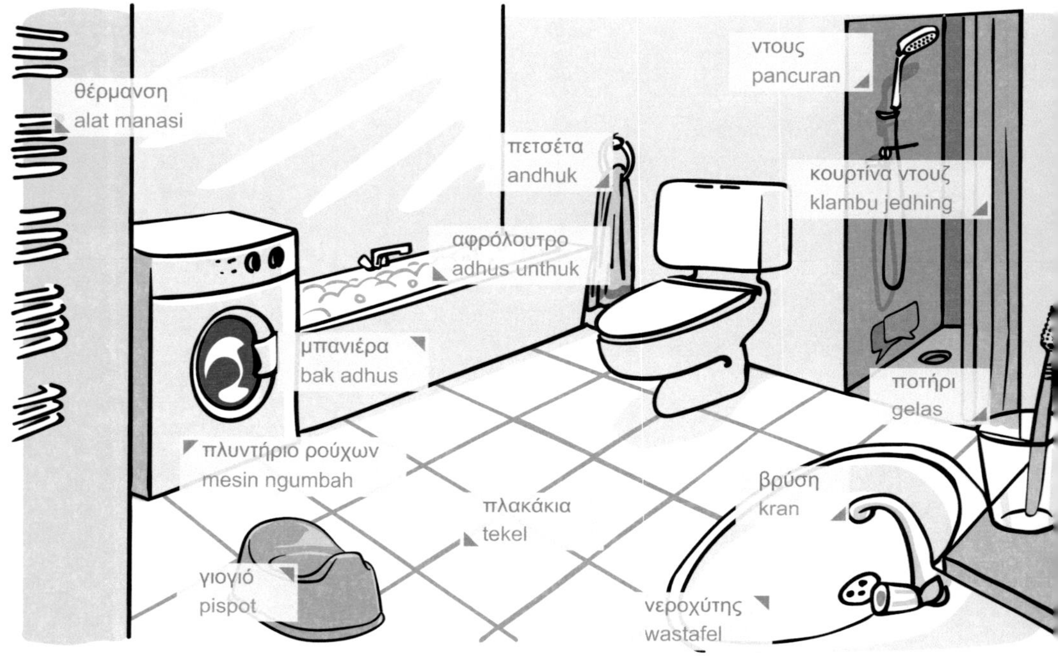

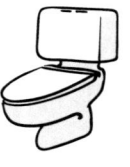

τουαλέτα
jamban

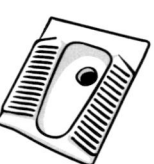

τούρκικη τουαλέτα
jamban dhodhok

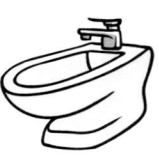

μπιντές
bidet

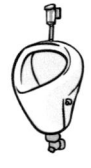

ουρητήριο
pissoir

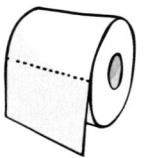

χαρτί υγείας
tisu jamban

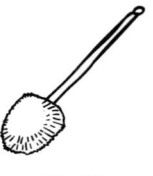

πιγκάλ
sikat jamban

οδοντόβουρτσα

sikat untu

οδοντόκρεμα

odol

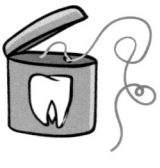

οδοντικό νήμα

bolah untu

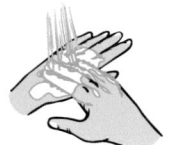

πλένω

ngumbahi

τηλέφωνο ντους

gagang shower

ντουσιέρα

pancuran

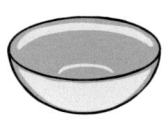

λεκάνη

baskom

βούρτσα πλάτης

sikat geger

σαπούνι

sabun

αφρόλουτρο

gel pancuran

σαμπουάν

sampo

φανέλα

hem

σιφόνι

nguras

κρέμα

krim

αποσμητικό

deodoran

καθρέφτης

pangilon

καθρέφτης χειρός

koco tangan

ξυραφάκι

silet

αφρός ξυρίσματος

umpluk cukur

αφτερσέιβ

aftershave

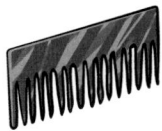

χτένα

jungkat

βούρτσα

sikat untu

σεσουάρ

hairdryer

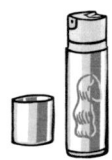

λακ

hairspray

μακιγιάζ

dandanan

κραγιόν

gincu

βερνίκι νυχιών

kuteks

βαμβάκι

kapas

ψαλίδι νυχιών

gunting kuku

άρωμα

parfum

νεσεσέρ

kantong adhus

σκαμπό

dingklik

ζυγαριά

timbangan

μπουρνούζι

bah kanggo sawise adhus

ελαστικά γάντια

sarung karet

ταμπόν

tampon

πετσέτα υγιεινής

pembalut

χημική τουαλέτα

jamban nganggo bahan
kimia

παιδικό δωμάτιο

kamar anak

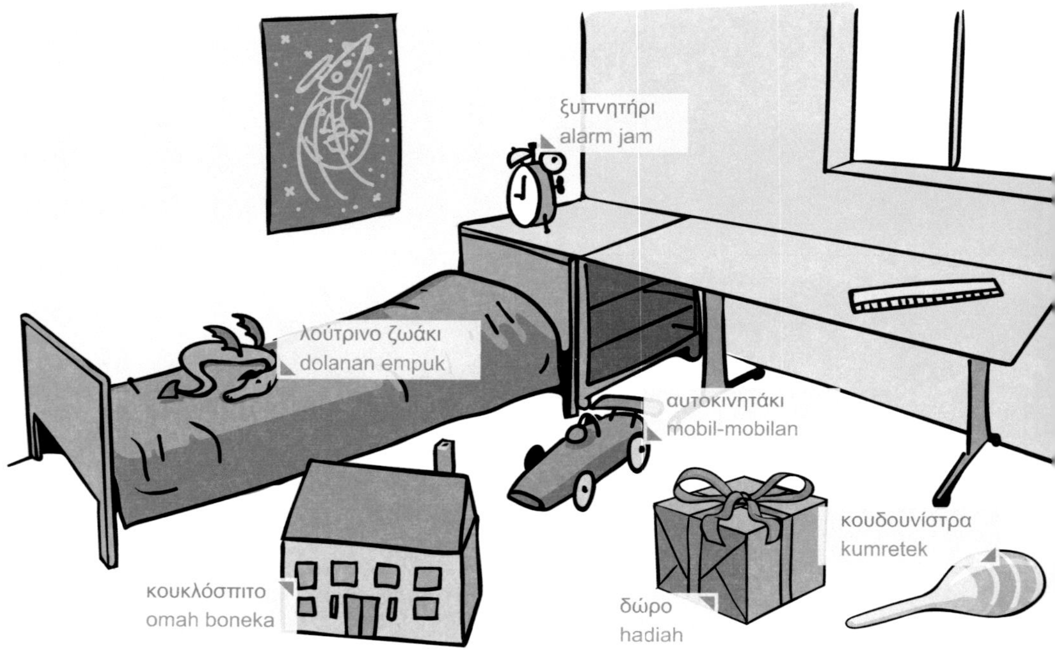

ξυπνητήρι
alarm jam
λούτρινο ζωάκι
dolanan empuk
αυτοκινητάκι
mobil-mobilan
κουδουνίστρα
kumretek
κουκλόσπιτο
omah boneka
δώρο
hadiah

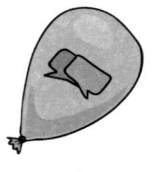

μπαλόνι

balon

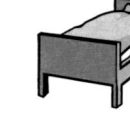

κρεβάτι

dipan

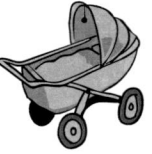

καροτσάκι

kreto bayi

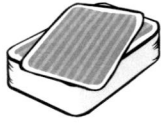

τράπουλα

meja kertu

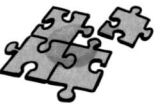

παζλ

teka-teki

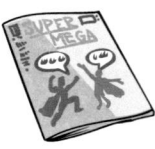

κόμικς

komik

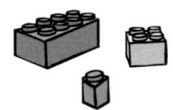

τουβλάκια lego

bata lego

τουβλάκια κατασκευών

balok dolanan

φιγούρα δράσης

boneka aksi

βρεφικό φορμάκι

klambi bayi

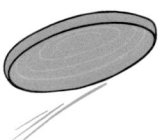

φρίσμπι

frisbee

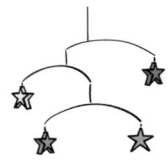

μόμπιλο

dolanan gantungan

επιτραπέζιο παιχνίδι

dolanan meja

ζάρια

dadu

σετ τρενάκι

sepur dolanan

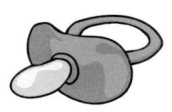

πιπίλα

dot

πάρτι

pesta

εικονογραφημένο βιβλίο

buku gambar

μπάλα

bal

κούκλα

boneka

παίζω

dolanan

σκάμμα με άμμο

panggon dolanan pasir

κούνια

ayunan

παιχνίδια

dolanan

κονσόλα βιντεοπαιχνιδιών

konsol video game

τρίκυκλο

sepeda roda telu

αρκουδάκι

beruang teddy

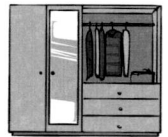

ντουλάπα

lemari sandhangan

ρούχα
klambi

κάλτσες

kaos kaki

καλτσοδέτες

stoking

καλσόν

kathok singset

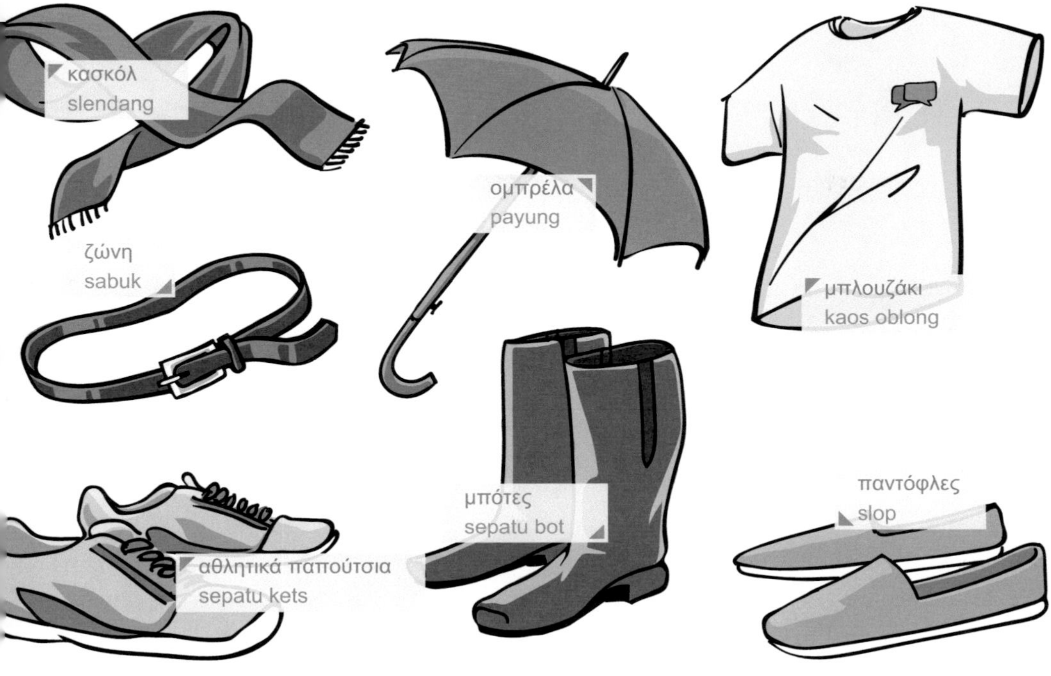

κασκόλ
slendang

ομπρέλα
payung

ζώνη
sabuk

μπλουζάκι
kaos oblong

μπότες
sepatu bot

παντόφλες
slop

αθλητικά παπούτσια
sepatu kets

σανδάλια
sandal

παπούτσια
sepatu

γαλότσες
sepatu bot karet

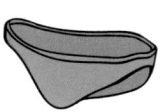

εσώρουχο
sempak

σουτιέν
kutang

φανέλα
rompi

σώμα

awak

παντελόνι

kathok

τζιν παντελόνι

kathok jins

φούστα

rok

μπλούζα

blus

πουκάμισο

klambi

πουλόβερ

jaket nganggo kudung

πουλόβερ

sweter

σακάκι

blezer

μπουφάν

jaket

παλτό

mantel

αδιάβροχο πανωφόρι

jas udan

κοστούμι

kostum

φόρεμα

gaun

νυφικό

gaun manten

κοστούμι
setelan

νυχτικό
klambi kanggo turu

πιτζάμες
piyama

σάρι
kain sari

μαντήλι
kudung

τουρμπάνι
serban

μπούρκα
cadar

καφτάνι
kaftan

μουσουλμανικό ένδυμα
abaya

ολόσωμο μαγιό
klambi kanggo nglangi

ανδρικό μαγιό
kathok renang

σορτς
kathok cekak

αθλητική φόρμα
klambi trening

ποδιά
celemek

γάντια
sarung tangan

κουμπί

benik

γυαλιά

kacamata

βραχιόλι

gelang

περιδέραιο

kalung

δαχτυλίδι

ali-ali

σκουλαρίκι

anting-anting

καπέλο

peci

κρεμάστρα

gantungan mantel

καπέλο

topi

γραβάτα

dasi

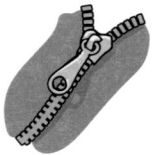

φερμουάρ

slerekan

κράνος

helem

τιράντες

bretel

μαθητική στολή

sragam sekolah

στολή

sragam

σαλιάρα

oto

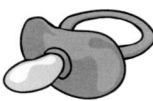

πιπίλα

dot

πάνα

popok

γραφείο
kantor

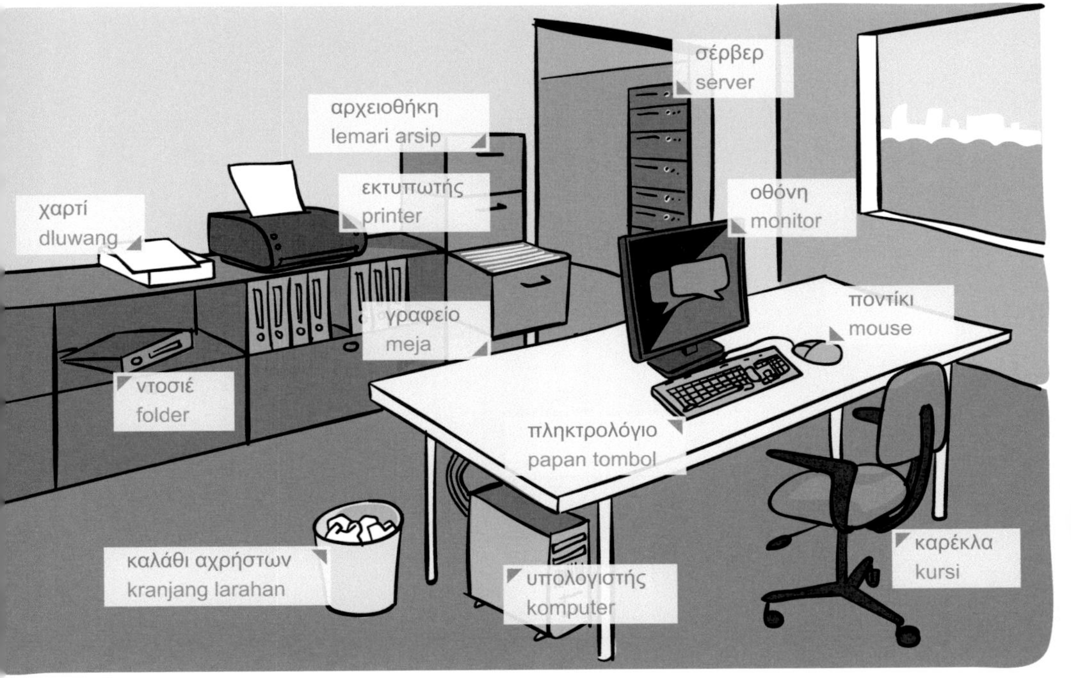

σέρβερ
server

αρχειοθήκη
lemari arsip

εκτυπωτής
printer

οθόνη
monitor

χαρτί
dluwang

γραφείο
meja

ποντίκι
mouse

ντοσιέ
folder

πληκτρολόγιο
papan tombol

καλάθι αχρήστων
kranjang larahan

υπολογιστής
komputer

καρέκλα
kursi

κούπα του καφέ

cangkir kopi

κομπιουτεράκι

kalkulator

ίντερνετ

internet

λάπτοπ

laptop

γράμμα

surat

μήνυμα

pesen

κινητό

HP

δίκτυο

jaringan

φωτοτυπικό μηχάνημα

mesin fotokopi

λογισμικό

software

τηλέφωνο

telpon

πρίζα

colokan

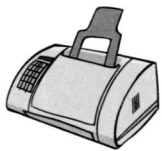

συσκευή φαξ

mesin faksimili

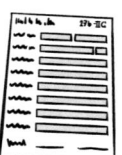

έντυπο

blangko

έγγραφο

dokumen

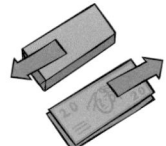

αγοράζω

tuku

πληρώνω

mbayar

συναλλάσσομαι

bebakulan

χρήματα

duit

δολάριο

dolar

ευρώ

euro

γιεν

yen

ρούβλι

rubel

ελβετικό φράγκο

franc Swiss

ρενμίνμπι γιουάν

yuan renminbi

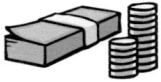

ρουπία

rupe

ATM (αυτόματη ταμειακή μηχανή)

cash point

ανταλλακτήρια
συναλλάγματος

kantor pertukaran duit
mancanegara

χρυσός

emas

ασήμι

perak

πετρέλαιο

minyak

ενέργεια

energi

τιμή

rego

συμβόλαιο

kontrak

φόρος

pajek

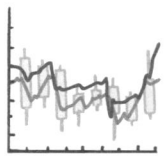

μετοχή

saham

δουλεύω

kerjo

υπάλληλος

pegawe

εργοδότης

juragan

εργοστάσιο

pabrik

κατάστημα

toko

οικονομία - ekonomi

επαγγέλματα
gawean

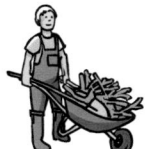

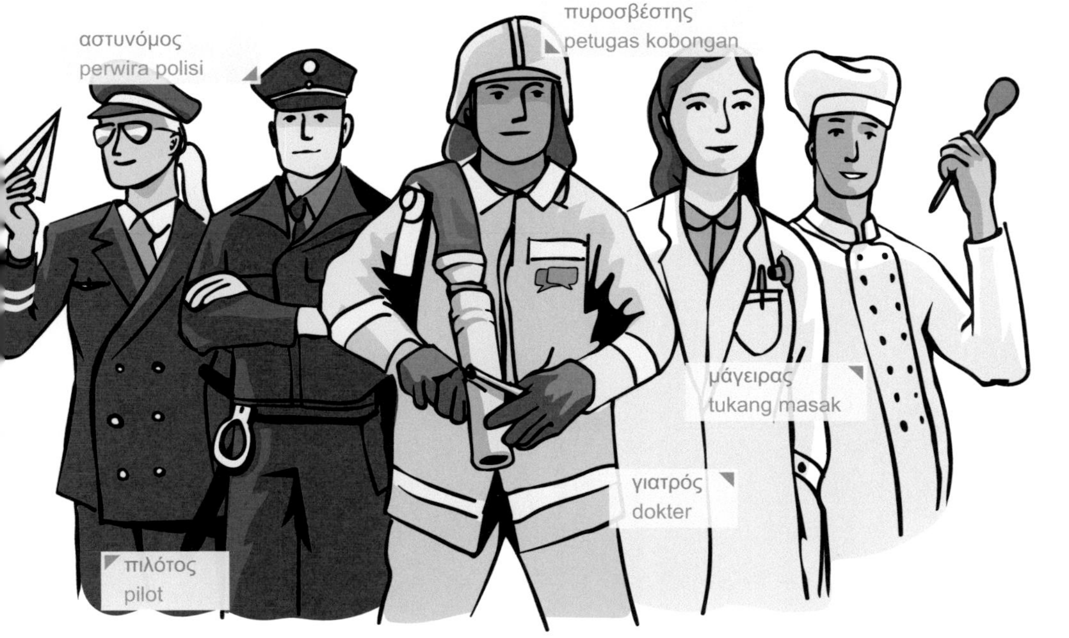

αστυνόμος
perwira polisi
πυροσβέστης
petugas kobongan
μάγειρας
tukang masak
γιατρός
dokter
πιλότος
pilot

κηπουρός

tukang kebon

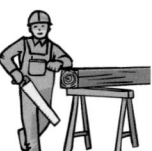

ξυλουργός

tukang kayu

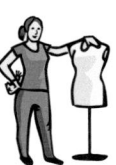

μοδίστρα

tukang jahit

δικαστής

hakim

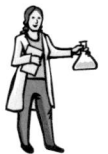

χημικός

ahli kimia

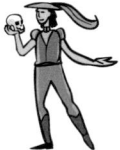

ηθοποιός

aktor

οδηγός λεωφορείου

sopir bis

ταξιτζής

sopir taksi

ψαράς

nelayan

καθαρίστρια

tukang reresik

τεχνίτης στεγών

tukang pasang gendheng

σερβιτόρος

laden

κυνηγός

pamburu

ζωγράφος

pelukis

αρτοποιός

tukang roti

ηλεκτρολόγος

tukang listrik

οικοδόμος

tukang mbangun

μηχανολόγος

insinyur

κρεοπώλης

jagal

υδραυλικός

tukang ledeng

ταχυδρόμος

tukang pos

στρατιώτης

tentara

αρχιτέκτονας

arsitek

ταμίας

kasir

ανθοπώλης

bakul kembang

κομμωτής

juru rambut

ελεγκτής εισιτηρίων

kondektur

μηχανικός

mekanik

καπετάνιος

kapten

οδοντίατρος

dokter untu

επιστήμονας

ilmuwan

ραβίνος

rabbi

ιμάμης

imam

μοναχός

biksu

ιερέας

pandhita

εργαλεία
alat

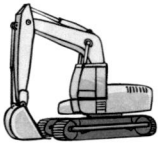

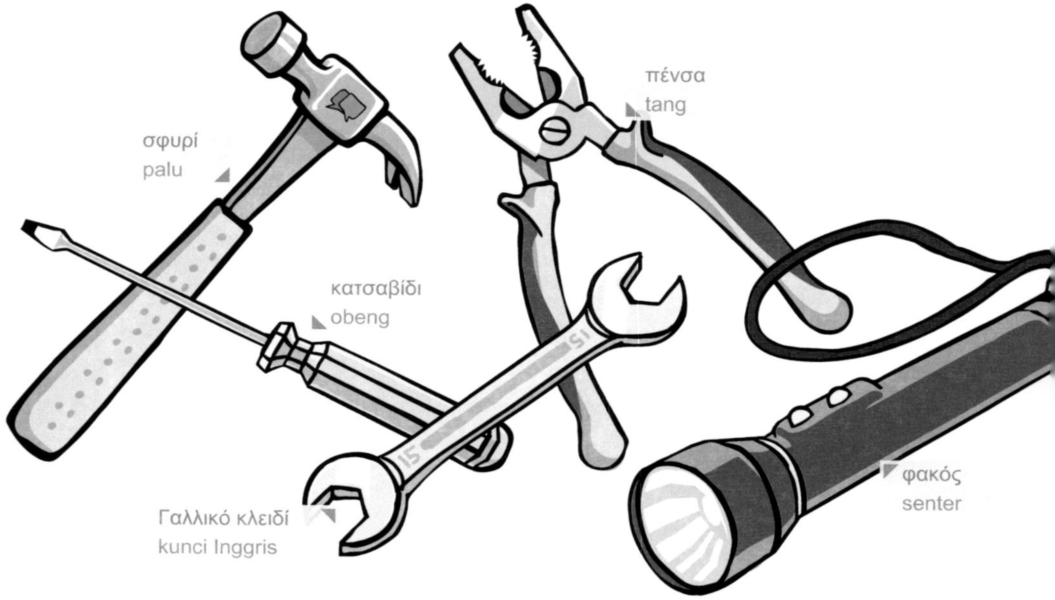

πένσα
tang
σφυρί
palu
κατσαβίδι
obeng
φακός
senter
Γαλλικό κλειδί
kunci Inggris

εκσκαφέας

mesin kerukan

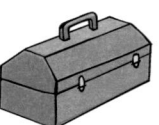

εργαλειοθήκη

wadah perkakas

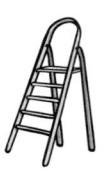

σκάλα

andha

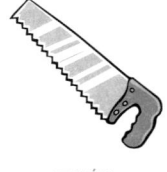

πριόνι

graji

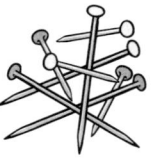

καρφιά

paku

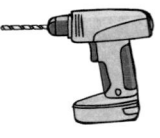

τρυπάνι

bur

επισκευάζω

ndandani

φτυάρι

sekop

Να πάρει!

Bajigur!

φαράσι

serok

δοχείο χρωμάτων

kaleng cat

βίδες

sekrup

μουσικά όργανα
alat musik

ντραμς
sak set tambur

μεγάφωνο
speker

κοντραμπάσο
bass dobel

τρομπέτα
trompet

κιθάρα
gitar

πιάνο

piano

βιολί

biola

μπάσο

bass

τύμπανα

timpani

τύμπανο

tambur

πλήκτρα

keyboard

σαξόφωνο

saksofon

φλάουτο

suling

μικρόφωνο

mikropon

ζωολογικός κήπος
kebon kewan

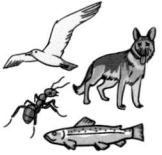

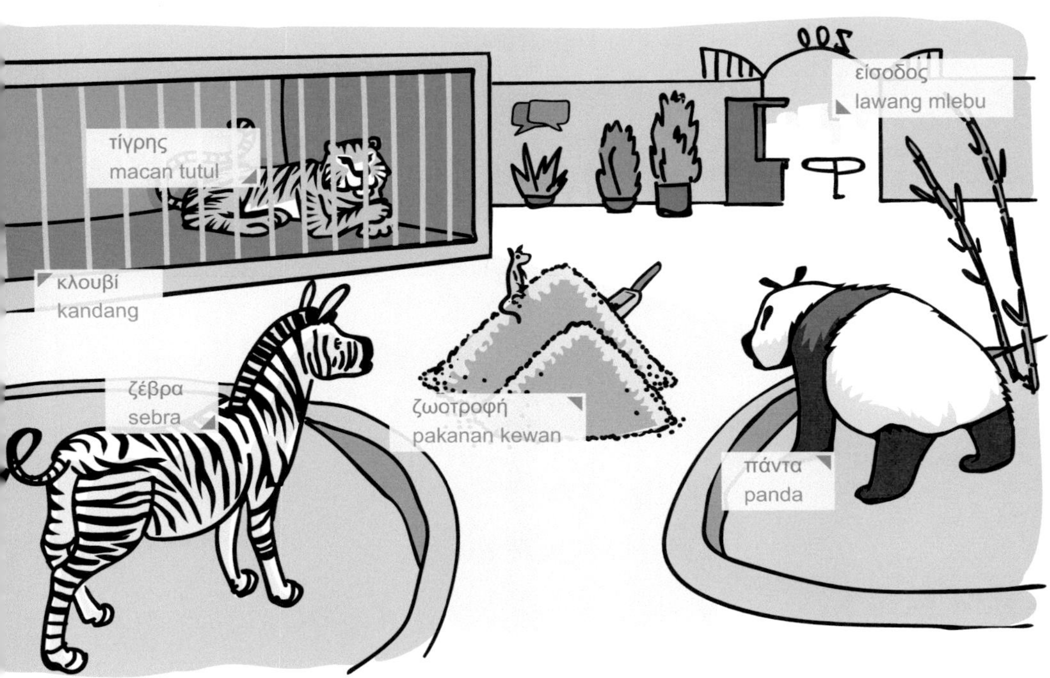

είσοδος
lawang mlebu
τίγρης
macan tutul
κλουβί
kandang
ζέβρα
sebra
ζωοτροφή
pakanan kewan
πάντα
panda

ζώα

kewan

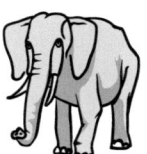

ελέφαντας

gajah

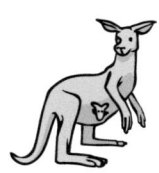

καγκουρό

kanguru

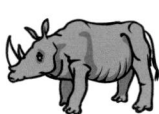

ρινόκερος

badak

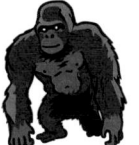

γορίλας

gorila

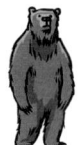

αρκούδα

beruang

καμήλα

unta

στρουθοκάμηλος

manuk unta

λιοντάρι

singa

πίθηκος

kethek

φλαμίνγκο

flamingo

παπαγάλος

bethet

πολική αρκούδα

beruang kutub

πιγκουίνος

pinguin

καρχαρίας

hiu

παγώνι

merak

φίδι

ula

κροκόδειλος

baya

φύλακας ζωολογικού κήπου

juru kunci kebon kewan

φώκια

singa segara

τζάγκουαρ

jaguar

πόνυ

jaran poni

λεοπάρδαλη

macan tutul

ιπποπόταμος

kuda nil

καμηλοπάρδαλη

jrapah

αετός

garudha

αγριογούρουνο

celeng

ψάρι

iwak

χελώνα

bulus

θαλάσσιος ίππος

walrus

αλεπού

rubah

γαζέλα

kidang

Αμερικάνικο ποδόσφαιρο
bal-balan Amerika

ποδηλασία
sepedahan

αντισφαίριση
tenis

μπάσκετ
basket

κολύμβηση
nglangi

πυγχαμία
tinju

χόκεϋ επί πάγου
hoki es

ποδόσφαιρο
bal-balan

μπάντμιντον
badminton

στίβος
atletik

χάντμπολ
bal tangan

σκι
ski

πόλο
polo

γράφω
nulis

σχεδιάζω
nggambar

δείχνω
nuduhake

πιέζω
mencet

δίνω
menehi

παίρνω
njupuk

έχω

duweni

κάνω

nindakake

είμαι

yaiku

στέκομαι

ngadek

τρέχω

mlayu

τραβάω

narik

ρίχνω

nguncalake

πέφτω

tiba

ξαπλώνω

ngapusi

περιμένω

ngenteni

κουβαλώ

nggawa

κάθομαι

lungguh

φοράω

klamben

κοιμάμαι

turu

ξυπνάω

tangi

κοιτάω

ndheleng

κλαίω

nangis

χαϊδεύω

ngelus

χτενίζω

njungkati

μιλάω

ngomong

καταλαβαίνω

mangerteni

ρωτάω

takon

ακούω

ngrungoake

πίνω

ngombe

τρώω

mangan

συγυρίζω

ngrapiake

αγαπάω

nrisnani

μαγειρεύω

masak

οδηγώ

nyopir

πετάω

mabur

κάνω ιστιοπλοΐα

nglayar

υπολογίζω

itung

διαβάζω

maca

μαθαίνω

sinau

δουλεύω

kerjo

παντρεύομαι

ngrabi

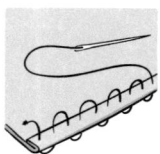

ράβω

njahit

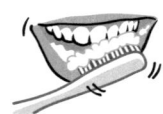

βουρτσίζω τα δόντια

nyikat untu

σκοτώνω

mateni

καπνίζω

ngrokok

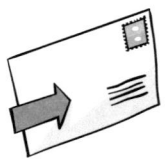

στέλνω

ngirim

οικογένεια
keluarga

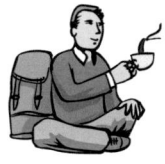

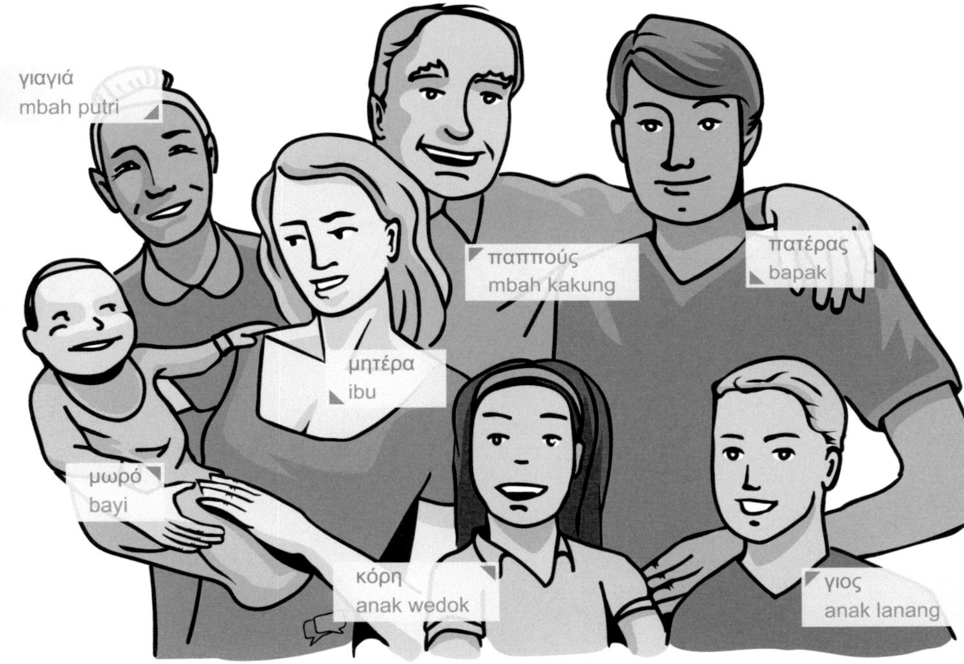
γιαγιά
mbah putri
παππούς
mbah kakung
πατέρας
bapak
μητέρα
ibu
μωρό
bayi
κόρη
anak wedok
γιος
anak lanang

καλεσμένος

tamu

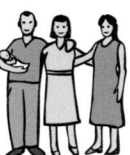

θεία

bu lik

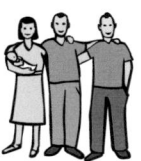

θείος

pak lik

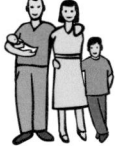

αδελφός

dulur lanang

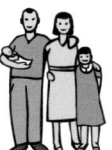

αδελφή

dulur wadon

σώμα
awak

μέτωπο
bathuk
μάτι
mripat
ώμος
pundhak
δάχτυλο
driji
πρόσωπο
pasuryan
πιγούνι
janggut
χέρι
tangan
πόδι
sikil
στήθος
payudara
βραχίονας
lengen

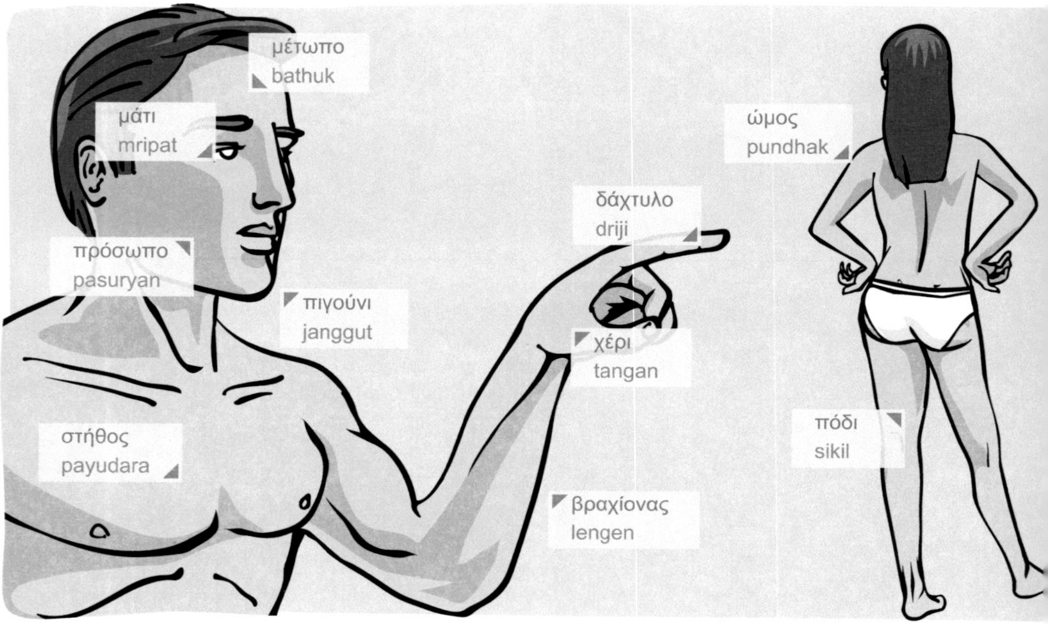

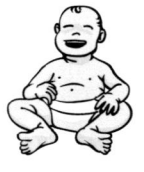

μωρό
bayi

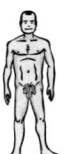

άνδρας
lanang

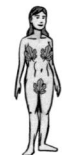

γυναίκα
wadon

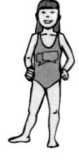

κορίτσι
bocah wadon

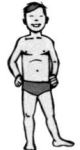

αγόρι
bocah lanang

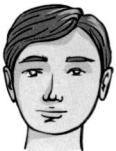

κεφάλι
sirah

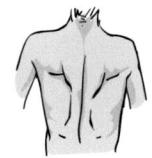

πλάτη

geger

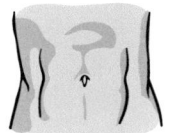

κοιλιά

weteng

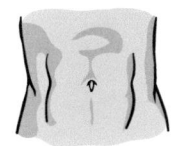

αφαλός

puser

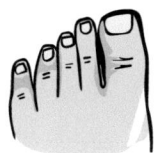

δάχτυλο ποδιού

driji sikil

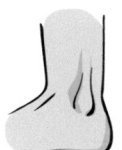

φτέρνα

tungkak

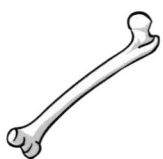

κόκκαλο

balung

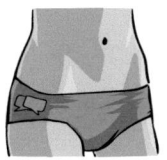

γοφός

panggul

γόνατο

dengkul

αγκώνας

sikut

μύτη

irung

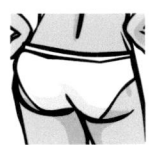

γλουτός

bokong

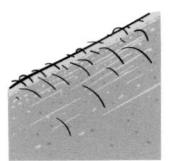

δέρμα

kulit

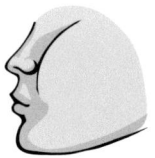

μάγουλο

pipi

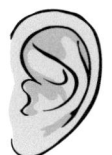

αυτί

kuping

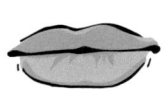

χείλος

lambe

σώμα - awak

στόμα

lisan

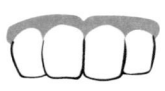

δόντι

untu

γλώσσα

ilat

εγκέφαλος

uteg

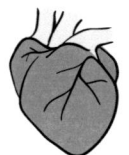

καρδιά

jantung

μυς

otot

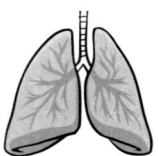

πνεύμονας

paru

συκώτι

ati

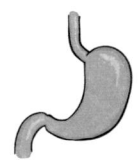

στομάχι

garba

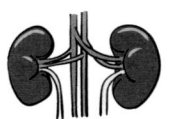

νεφρά

ginjel

σεξουαλική επαφή

sanggama

προφυλακτικό

kondom

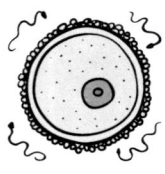

ωάριο

ovum

σπέρμα

mani

εγκυμοσύνη

mbobot

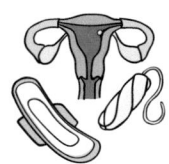

περίοδος

haid

γυναικείος κόλπος

vagina

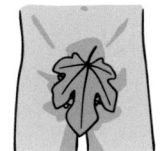

πέος

zakar

φρύδι

alis

μαλλιά

rambut

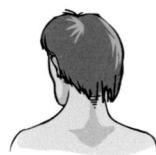

λαιμός

gulu

νοσοκομείο

griya sakit

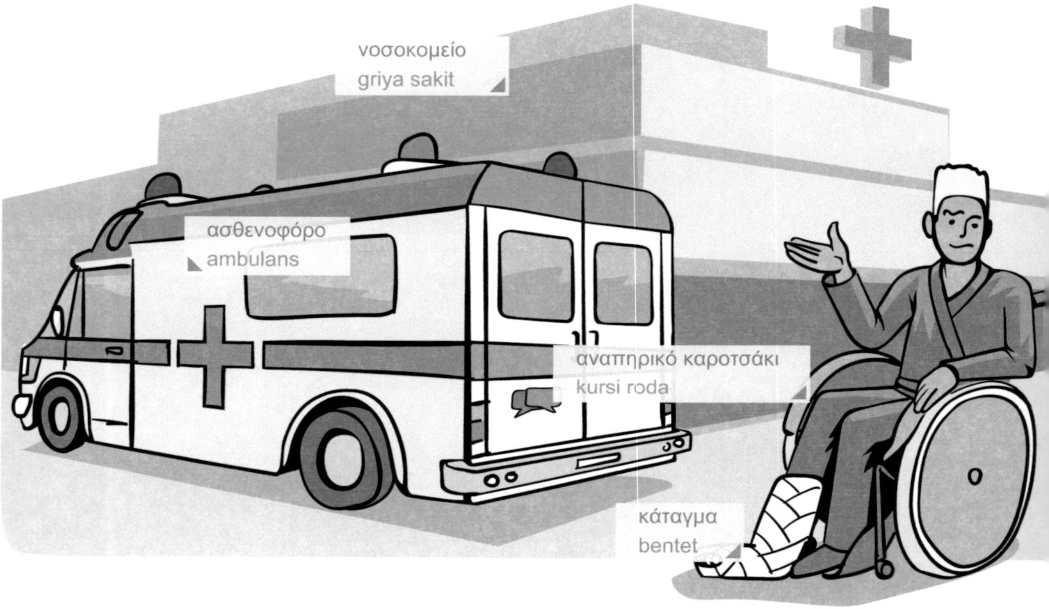

νοσοκομείο
griya sakit
ασθενοφόρο
ambulans
αναπηρικό καροτσάκι
kursi roda
κάταγμα
bentet

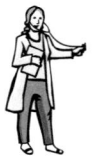

γιατρός

dokter

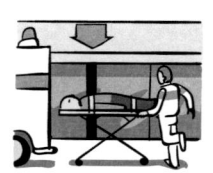

μονάδα εντατικής θεραπείας

kamar gawat darurat

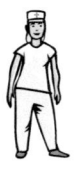

νοσοκόμα

perawat

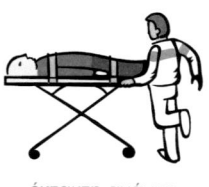

έκτακτη ανάγκη

dharurat

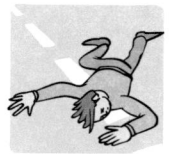

λιπόθυμος

ora sadar

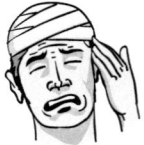

πόνος

linu

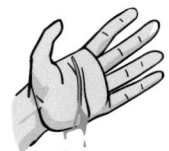

τραύμα

tatu

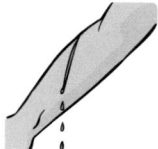

αιμορραγία

getihen

έμφραγμα

serangan jantung

εγκεφαλικό

setruk

αλλεργία

alergi

βήχας

watuk

πυρετός

ngelu

γρίπη

pilek

διάρροια

diare

πονοκέφαλος

mumet

καρκίνος

kanker

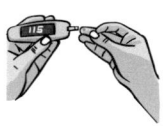

διαβήτης

diabetes

χειρουργός

ahli bedah

νυστέρι

lading bedah

εγχείρηση

operasi

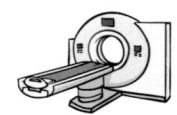

αξονική τομογραφία

CT

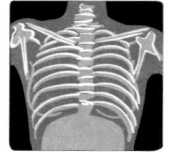

ακτινογραφία

sinar x

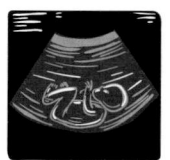

υπέρηχος

USG

μάσκα

masker

ασθένεια

penyakit

αίθουσα αναμονής

kamar nunggu

πατερίτσα

pitulung

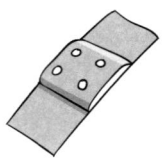

χάνσαπλαστ

perban

επίδεσμος

perban

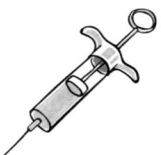

ένεση

suntik

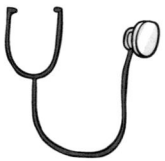

στηθοσκόπιο

stetoskop

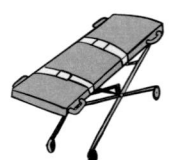

φορείο

tandu

θερμόμετρο

termometer klinik

γέννηση

lair

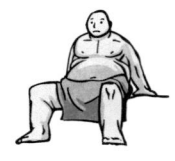

υπέρβαρο

kalemon

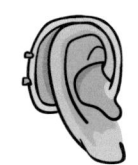

ακουστικό βαρηκοΐας

alat bantu dengar

αντισηπτικό

disinfektan

λοίμωξη

infeksi

ιός

virus

HIV/AIDS

HIV/AIDS

φάρμακο

obat

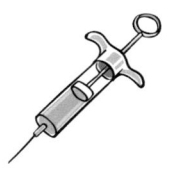

εμβολιασμός

vaksinasi

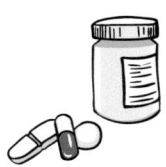

δισκία

tablet

χάπι

pil

κλήση έκτακτης ανάγκης

nomer telpon darurat

πιεσόμετρο αίματος

ngukur tensi getih

άρρωστος / υγιής

lara / waras

Βοήθεια!
Tulung!

συναγερμός
alarem

βιαιοπραγία
sergap

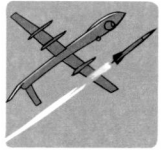

επίθεση
serangan

κίνδυνος
bebaya

έξοδος κινδύνου
lawang metu dharurat

Φωτιά!
Kobongan!

πυροσβεστήρας
alat mateni geni

ατύχημα
kacilakan

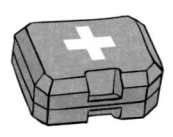

κουτί πρώτων βοηθειών
pitulungan wiwitan

SOS
SOS

αστυνομία
polisi

Ευρώπη

Eropa

Βόρεια Αμερική

Amerika Lor

Νότια Αμερική

Amerika Kidul

Αφρική

Afrika

Ασία

Asia

Αυστραλία

Australia

Ατλαντικός Ωκεανός

Atlantik

Ειρηνικός Ωκεανός

Pasifik

Ινδικός Ωκεανός

Samudra Hindia

Ανταρκτικός Ωκεανός

Samudra Antartika

Αρκτικός Ωκεανός

Samudra Arktik

Βόρειος Πόλος

Kutub Lor

Νότιος Πόλος

Kutup Kidul

Ανταρκτική

Antarktika

Γη

bumi

γη

daratan

θάλασσα

segara

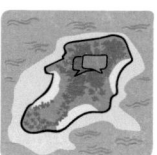

νησί

pulau

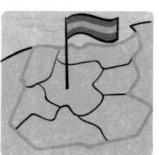

έθνος

bangsa

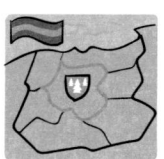

πολιτεία

negara

καντράν ρολογιού

layar jam

ωροδείκτης

dom jam

λεπτοδείκτης

dom menit

δείκτης δευτερολέπτων

dom detik

Τι ώρα είναι;

Jam piro saiki?

ημέρα

dina

χρόνος

wektu

τώρα

saiki

ψηφιακό ρολόι

jam digital

λεπτό

menit

ώρα

jam

εβδομάδα
minggu

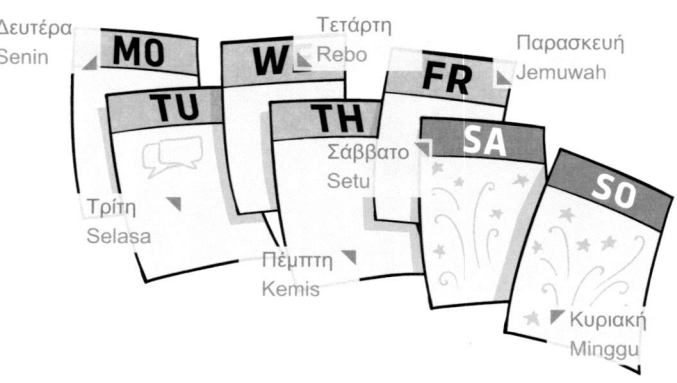

Δευτέρα
Senin

Τρίτη
Selasa

Τετάρτη
Rebo

Πέμπτη
Kemis

Σάββατο
Setu

Παρασκευή
Jemuwah

Κυριακή
Minggu

χθες
....
wingi

σήμερα
....
saiki

αύριο
....
sesuk

πρωί
....
esuk

μεσημέρι
....
awan

βράδυ
....
bengi

εργάσιμες ημέρες
....
dina kerja

Σαββατοκύριακο
....
akhir minggu

βροχή
udan es

ουράνιο τόξο
kluwung

χιόνι
salju

άνεμος
angin

άνοιξη
musim semi

φθινόπωρο
mangsa gugur

καλοκαίρι
musim ketigo

χειμώνας
mangsa adem

4.APRIL	11°	☀
5.APRIL	4°	⛅
6.APRIL	13°	⛅
7.APRIL	8°	❄
8.APRIL	10°	☀

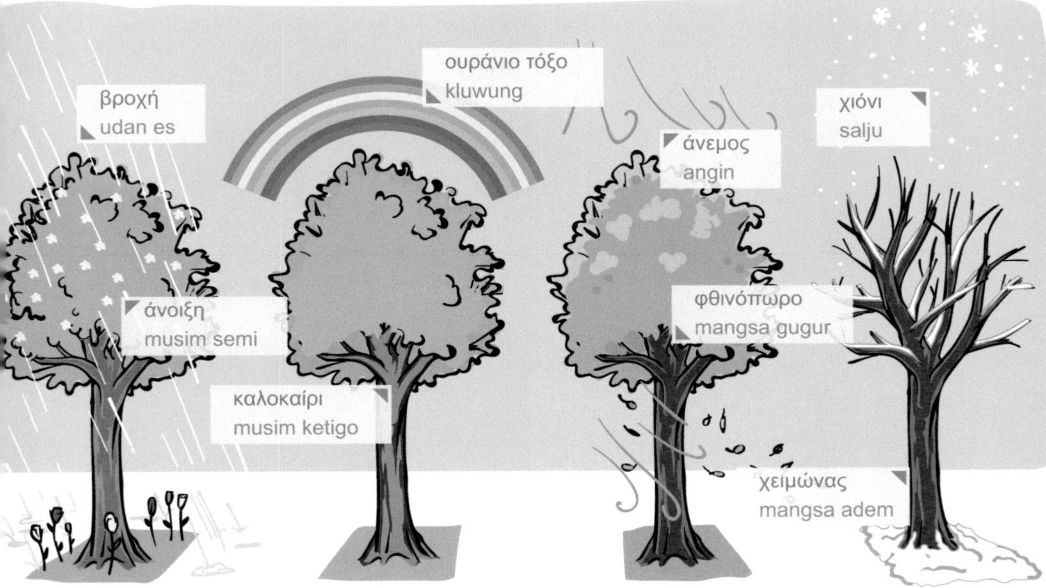

πρόγνωση καιρού

ramalan cuaca

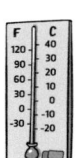

θερμόμετρο

termometer

λιακάδα

srengenge

σύννεφο

mendhung

ομίχλη

kabut

υγρασία

kelembapan

αστραπή
kilat

κεραυνός
bledheg

καταιγίδα
badai

χαλάζι
udan es

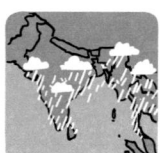

μουσώνας
muson

πλημμύρα
banjir

πάγος
es

Ιανουάριος
Januari

Φεβρουάριος
Februari

Μάρτιος
Maret

Απρίλιος
April

Μάιος
Mei

Ιούνιος
Juni

Ιούλιος
Juli

Αύγουστος
Agustus

Σεπτέμβριος

September

Οκτώβριος

Oktober

Νοέμβριος

Nopember

Δεκέμβριος

Desember

σχήματα
wangun

κύκλος

bunder

τετράγωνο

kuadrat

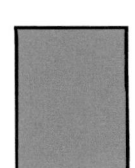

ορθογώνιο
παραλληλόγραμμο
segi papat

τρίγωνο

segi telu

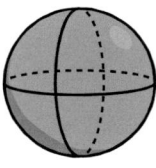

σφαίρα

bal

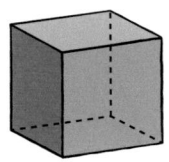

κύβος

kubus

άσπρο

putih

κίτρινο

kuning

πορτοκαλί

oranye

ροζ

jambon

κόκκινο

abang

μωβ

ungu

μπλε

biru

πράσινο

ijo

καφέ

coklat

γκρι

abu-abu

μαύρο

ireng

πολύ / λίγο

akeh / sithik

θυμωμένος / ήρεμος

nesu / kalem

όμορφος / άσχημος

ayu / elek

αρχή / τέλος

pawitan / pungkasan

μεγάλος / μικρός

gede / cilik

φωτεινός / σκοτεινός

padhang / peteng

αδελφός / αδελφή

sedulur lanang / sedulur wadon

καθαρός / λερωμένος

resik / reged

πλήρης / ατελής

pepak / ora pepak

ημέρα / νύχτα

awan / bengi

νεκρός / ζωντανός

mati / urip

φαρδύς / στενός

jembar / sempit

βρώσιμος / μη βρώσιμος

iso dipangan / ora iso dipangan

κακός / ευγενικός

ala / becik

ενθουσιασμένος / βαριεστημένος

seneng / bosen

παχύς / λεπτός

lemu / kuru

πρώτος / τελευταίος

pisanan / pungkasan

φίλος / εχθρός

kanca / musuh

γεμάτος / άδειος

kebak / kosong

σκληρός / μαλακός

atos / empuk

βαρύς / ελαφρύς

abot / enteng

πείνα / δίψα

luwe / wareg

άρρωστος / υγιής

lara / waras

παράνομος / νόμιμος

illegal / legal

έξυπνος / χαζός

pinter / bodo

αριστερός / δεξιός

kiwa / tengen

κοντινός / μακρινός

cedhak / adoh

καινούριος /
μεταχειρισμένος

anyar / lawas

τίποτα / κάτι

ora ana / ana

γέρος | νέος

tuwa / enom

αναμμένος / σβηστός

urip / mati

ανοιχτός / κλειστός

buka / tutup

χαμηλόφωνος /
μεγαλόφωνος
anteng / rame

πλούσιος / φτωχός

sugeh / mlarat

σωστός / λανθασμένος

bener / salah

τραχύς / λείος

kasar / alus

λυπημένος / χαρούμενος

susah / seneng

κοντός / μακρύς

cendhak / dawa

αργός / γρήγορος

alon / banter

υγρός / στεγνός

teles / garing

ζεστός / δροσερός

anget / adem

πόλεμος / ειρήνη

perang / tentrem

αντίθετα - kontras

0
μηδέν
nol

1
ένα
siji

2
δύο
loro

3
τρία
telu

4
τέσσερα
papat

5
πέντε
limo

6
έξι
enem

7
εφτά
pitu

8
οκτώ
wolu

9
εννιά
songo

10
δέκα
sepuluh

11
έντεκα
sewelas

12

δώδεκα

rolas

13

δεκατρία

telulas

14

δεκατέσσερα

patbelas

15

δεκαπέντε

limolas

16

δεκαέξι

nembelas

17

δεκαεφτά

pitulas

18

δεκαοκτώ

wolulas

19

δεκαεννέα

songolas

20

είκοσι

rong puluh

100

εκατό

satus

1.000

χίλια

sewu

1.000.000

εκατομμύριο

sak yuto

αριθμοί - angka

Αγγλικά

basa Inggris

Αμερικάνικα Αγγλικά

basa Inggris Amerika

Μανδαρίνικα Κινέζικα

basa Cina Mandarin

Χίντι

basa Hindi

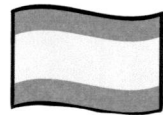

Ισπανικά

basa Spanyol

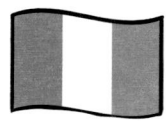

Γαλλικά

basa Prancis

Αραβικά

basa Arab

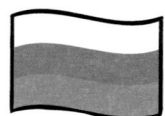

Ρώσικα

basa Rusia

Πορτογαλικά

basa Portugis

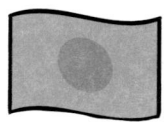

Μπενγκάλι

basa Bengali

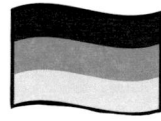

Γερμανικά

basa Jerman

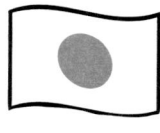

Ιαπωνικά

basa Jepang

εγώ

aku

εσύ

kowe

αυτός / αυτή / αυτό

dheweke

εμείς

kita

εσείς

kowe kabeh

αυτοί / αυτές / αυτά

dheweke kabeh

ποιος / ποια / ποιο;

sapa?

τι;

apa?

πώς;

piye?

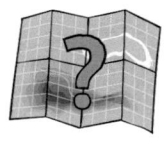

πού;

neng endi?

πότε;

kapan?

όνομα

jeneng

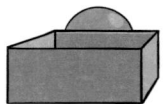

πίσω

mburi

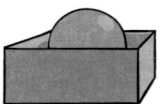

μέσα

ing jero

μπροστά

ing ngarep

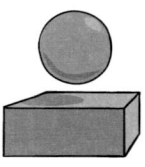

πάνω από

ing dhuwure

πάνω

ing

κάτω

ing ngisore

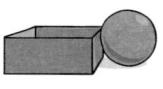

δίπλα

sisih

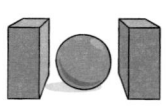

ανάμεσα

antarane

μέρος

panggonan